ປຶ້ມສີເຫຼືອງ

ໂດຍະ ເຖວາ ແຄຣ໌
ຮູບໂດຍະ ອາມິ ມູເລນ

Library For All Ltd.

ອົງການ Library For All ແມ່ນອົງການທີ່ບໍ່ຫວັງຜົນກຳໄລ ທີ່ມີພັນທະກິດທີ່ຈະເຮັດໃຫ້ທຸກຄົນ ສາມາດເຂົ້າເຖິງແຫຼ່ງຄວາມຮູ້ ຜ່ານບະອັດຕະກຳທ້ອງສະໝຸດດິຈິຕອນ. ເຂົ້າເບິ່ງລາຍລະອຽດເພີ່ມເຕີມທີ່: libraryforall.org

ປຶ້ມສິເຫຼືອງ

ຈັດພິມຄັ້ງທຳອິດໃນປີ 2019. ແປ ແລະ ຈັດພິມໃນ ສປປ ລາວ ປີ 2020.

ຈັດພິມໂດຍ: ອົງການ Library For All
ອີເມວ: info@libraryforall.org
URL: libraryforall.org

ຜົນງານນີ້ ມີລິຂະສິດສາກົນພາຍໃຕ້ເງື່ອນໄຂສັນຍາອະນຸຍາດແບບເປີດ (Creative Commons) ການອ້າງອີງແຫຼ່ງທີ່ມາ, ຫ້າມນຳໃຊ້ເພື່ອການຄ້າ-ຫ້າມດັດແກ້ 4.0. ສຳລັບລາຍລະອຽດເພີ່ມເຕີມ ກ່ຽວກັບລິຂະສິດນີ້, ເຂົ້າເບິ່ງ http://creativecommons.org/licenses/by-nc-nd/4.0/.

ປຶ້ມພາສາລາວເຫຼັ້ມນີ້ ຖືກສະໜັບສະໜູນໂດຍການຮ່ວມມືຂອງ

ຮູບແຕ້ມຕົ້ນສະບັບໂດຍ ອາມີ ມູເລບ

ປຶ້ມສິເຫຼືອງ
ເຄອາ ແຄຣ໌
ISBN: 978-9932-09-108-9
SKU00906

ປຶ້ມສີເຫຼືອງ

ດວງຕາເວັນສີເຫຼືອງ.

ຊາຍສີເຫຼືອງ.

ດອກໄມ້ສີເຫຼືອງ.

ບົກສີເຫຼືອງ.

ລົດສີເຫຼືອງ.

12

ໝາກສາລີສີເຫຼືອງ.

ໝາກກ້ວຍສີເຫຼືອງ.

ໝາກນາວສີເຫຼືອງ.

ກ່ອງສີເຫຼືອງ.

ສີສີເຫຼືອງໆ.

ຂໍ້ມູນທາງບັນນາບຸລິມຂອງຫໍສະໝຸດແຫ່ງຊາດ

ເຄອາ ແຄຣ໌
    ປື້ມສີເຫຼືອງ L / ໂດຍ ເຄອາ ແຄຣ໌. -- ຄັ້ງທີ2. -- ວຽງຈັນ :
ມັກອານ, 2020
    30 ໜ້າ : ພາບປະກອບສີ ; 21 ຊມ
    1. ວັນນະກໍາສໍາລັບເດັກ
    2. ສີ
    I. ຊື່ເລື່ອງ
808.899282 -- dc21
    ISBN 978-9932-09-108-9

ເຈົ້າສາມາດໃຊ້ຄຳຖາມດັ່ງລຸ່ມນີ້ເພື່ອ ຊິນທະນາກ່ຽວກັບເລື່ອງທີ່ອ່ານກັບ ຄອບຄົວ, ໝູ່ ແລະ ຄູອາຈານ.

ເຈົ້າໄດ້ຮຽນຮູ້ຫຍັງຈາກເລື່ອງນີ້?

ຈົ່ງອະທິບາຍເລື່ອງນີ້ ໂດຍໃຊ້ຄຳບັນຍາຍ
1ຄຳ. ຕະຫຼົກ? ຢ້ານ? ມິສິສັນ? ໜ້າສົນໃຈ?

ເມື່ອອ່ານຈົບແລ້ວ,
ເລື່ອງນີ້ໃຫ້ຄວາມຮູ້ສຶກຫຍັງແດ່?

ໃນເລື່ອງນີ້, ເຈົ້າມັກສິ່ງໃດຫຼາຍທີ່ສຸດ?

ກ່ຽວກັບຜູ້ປະກອບສ່ວນ

ເຄອາ ແຄຣີ ເຕີບໃຫຍ່ຂຶ້ນມາພ້ອມກັບການຮັກການອ່ານ, ການຂຽນ ແລະ ການຮຽນຮູ້. ໃນຍຸກນະທີເປັນຄູອາຈານສອນ ທ່ານບາງໆ ແຄຣີ ໄດ້ມີໂອກາດ ແບ່ງປັນການຮຽນຮູ້ໃນຊີ ວິດຄົນຮຸ່ນໃໝ່. ເຄອາ ມັກການຂຽນໃຫ້ເລື່ອງ ລາວຕ່າງໆມີຊີວິດຊີວາຜ່ານຕົວແບບ ແລະ ມັກແບ່ງປັນປະສົບການການອ່ານ ການຂຽນ ຜ່ານສິລະປະ, ການເຕັ້ນ, ດົນຕີ ແລະ ສິ່ສ້າງສັນ ແລະ ກິດຈະກຳການສະແດງລະຄອນຕ່າງໆ.

ເມື່ອບໍ່ໄດ້ຢູ່ໃນໂລກຂອງຈິນຕະນາການ ທ່ານ ເຄອາ ມັກທີ່ຈະຟ້ອນລຳ, ໄປຍ່າງປ່າ, ຖ່າຍຮູບ, ທ່ຽບເປຍໂນ ແລະ ເອົ້າຕະທ່ຽກເຮັດໃຫ້ ຄົນອື່ນມີຄວາມສຸກມີສຽງທົວ.

ນອກຈາກນີ້ ລາວຍັງເປັນອາສາສະໝັກ ໃນອົງກຳການທ່ວາຍດ້ານ.

"ຈົ່ງປ່ຽນແປງ ຕາມທີ່ທ່ານຕ້ອງການທີ່ຈະເຫັນຢູ່ໃນໂລກນີ້"
~ ທ່ານ ມະຫະຕະມະ ຄານທີ.

"ຂ້າພະເຈົ້າບໍ່ສາມາດປ່ຽນໂລກນີ້ໄດ້, ແຕ່ຂ້າພະເຈົ້າສາມາດໂຍນທິນລົງໃນນ້ຳເພື່ອສ້າງ ຄື້ນນ້ຳໄດ້."
~ ແມ່ຊີ ເທເຣຊາ.

ປຶ້ມທືອນີ້ມ່ອນບໍ?

ພວກເຮົາມີປຶ້ມຫຼາຍຮ້ອຍຫົວໃຫ້ເລືອກອ່ານ.

ພວກເຮົາຮ່ວມມືກັບນັກຂຽນ, ອົງການດ້ານການສຶກສາ, ທີ່ປຶກສາທາງດ້ານວັດທະນະທຳ, ລັດຖະບານ ແລະ ອົງກອນທີ່ບໍ່ຂຶ້ນກັບລັດຖະບານ ເພື່ອນຳຄວາມເພີດເພີນ ໃນການອ່ານໃຫ້ກັບເດັກນ້ອຍທົ່ວທຸກແຫ່ງ.

ຮູ້ບໍ?

ພວກເຮົາສ້າງການປ່ຽນແປງທີ່ດີໃນຂົງເຂດນີ້ ໂດຍປະຕິບັດ ເປົ້າໝາຍ ການພັດທະນາແບບຍືນຍົງຂອງສະຫະປະຊາຊາດ.

library forall.org